Mes Frères et Sœurs

la tribu du bonheur

Valérie Weishar-Giuliani
Ananash

Camille est trop chou.
Je l'aime beaucoup,
on partage presque tout.

Mais lorsqu'on joue aux dés,
Camille veut toujours gagner.
Moi aussi, alors on se chamaille.
Parfois, c'est une vraie bataille.

On se réconcilie pourtant assez vite,
on prend les casseroles et on donne le rythme.
Notre petite tribu fait beaucoup de chahut.

Maé nous rejoint avec son banjo.
Être ensemble, on en raffole,
jouer tout seul c’est moins rigolo.

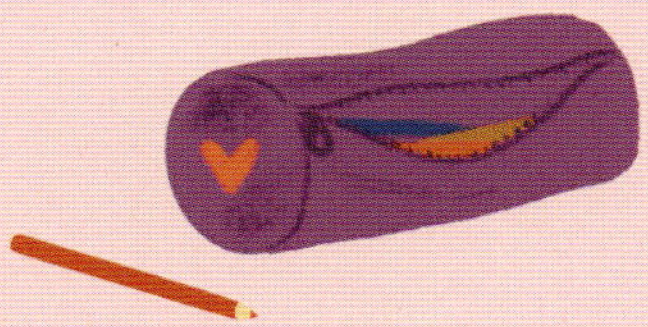

On passe quelquefois tout l'après-midi à dessiner.
Je montre à Camille comment faire une poupée ou une épée.
Et j'essaye de faire comme Maé.

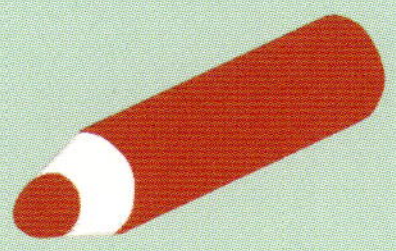

Un jour, Camille a fait une grosse bêtise
et a gribouillé sur un mur.
Papa n'a pas aimé du tout.

Je n'ai pas voulu qu'on punisse Camille,
alors, avec Maé, on a dit qu'on s'était disputés.
On a tous été un peu grondés.

Avant d'aller nous coucher,
on aime souvent construire une cabane
avec des couvertures, des coussins,
et y raconter nos petits secrets.

On est la tribu du bonheur,
et on s'aime de tout notre cœur.